NOTICE

SUR LA

VIE ET LES POÉSIES D'AUGUSTIN BOUDIN

I

Il y a aujourd'hui un quart de siécle, — c'était en 1854, — qu'une pléïade de jeunes gens, s'enrôlant sous le drapeau flottant neuf du Félibrige, conçut le hardi dessein de reprendre en Provence l'œuvre dès longtemps interrompue des troubadours. A cet appel, parti d'Avignon où la Reine Jeanne tint au temps jadis ses cours d'amour, des voix enthousiastes répondirent de tous les pays ayant parlé la langue d'Oc, de Forcalquier à Bordeaux, de Marseille à Barcelone. Joie universelle de renouveau qui eut pourtant ses douloureuses surprises rééditées de Babel! Si le fonds du vieil idiôme se retrouvait en effet identique, que de dialectes différents! Réunis après

1

tant de siècles, les frères, nés d'un même berceau latin, éprouvaient quelques difficultés à se comprendre. On se l'expliquera aisément. Les Grecs, répandus sur tant de rivages, n'ont compté que cinq dialectes ; il en fallait nombrer ici à peu près autant que de clochers !

Cet excès de richesses créait un sérieux obstacle à l'entreprise tentée. Il n'était point l'unique ni le plus fort. Succédant à l'invasion ancienne de l'italien et de l'espagnol, l'envahissement à tout instant croissant du français dans nos provinces méridionales, surtout depuis la formation définitive de cette langue et sa consécration officielle, a fait et accomplit chaque jour de tels progrès que le provençal, allant des classes lettrées aux illettrées, et désertant les villes pour se confiner de plus en plus dans les campagnes, ne sera bientôt que la langue des urbains ignorants et des populations rustiques. A ce déplacement il perd, on le devine, en puissance, en variété, en pureté d'expressions. Et cela même ne le garantit point contre la conquête. Il se francise en nos pays, d'heure en heure, à vue d'œil (1).

(1) Qu'il est loin déjà le temps de résistance où l'un de mes grands oncles, aussi parfait conservateur de son patois que de son mobilier, échangeait, en ma présence, avec sa jeune fille qui s'amusait à balancer les croisées d'une fenêtre, le piquant colloque que voici ! « *Isto siau, vas me roumpre mi vitros* ; tiens-toi tranquille, tu vas me briser mes vitres. »—« Il n'y a nul danger, papa. » — *Quand lis auras routos, sara pas emé de francés, qué li pétassaras* ; quand tu les auras brisées, ce ne sera point avec du français que tu les rapiéceras. »

M. Mistral, un grand poëte doublé d'un grand linguiste et d'un grand organisateur, pour remédier au double inconvénient signalé, se proposa, d'abord, de fondre tous les dialectes parlés en une langue commune écrite; puis de doter cette langue d'un don qui lui manquait, le sérieux et l'élévation dans le discours; car, comme toutes les langues à l'état d'enfance ou de demi-formation, le provençal, admirable en sujets simples et gracieux, en gauloiseries fines et mordantes, très-approprié au burlesque et au bouffon, et se prêtant à merveille aux plus gras ragoûts, aux sauces les plus épicées des cuisines rabelaisienne et populaire, se refuse net à ce qu'on appelait en vieille rhétorique les styles noble et tempéré, à celui-ci principalement. Susceptible à certains égards d'exprimer l'héroïque, familier à ravir, il se montre absolument revêche à la correction pure et mesurée du langage ordinaire.

Pour atteindre aux buts poursuivis, le poète de *Mirèio*, de *Calendau* surtout, prêchant d'exemple, employa une langue composite, dont le vieux fond originel, le dïalecte de Maillane, était à ce point mélangé aux idiômes étrangers et aux expressions archaïques, créées même, que les indigènes ne pouvaient s'y reconnaître en bien des endroits qu'à l'aide de la traduction littérale mise en regard des poëmes. C'était, comme chez les anciens troubadours, une langue savante et de convention qui se substituait au parler vulgaire. La satisfaction n'étant pas, à ce qu'il parait suffisante, l'orthographe fut innovée, uniformément imposée aux félibres, appliquée même aux œuvres des poètes antérieurs, et à ce point sans pitié ni piété qu'il en résulta quelquefois à la charge des glorieux défunts des non-sens et des contre-sens. J'ai pu le constater dans l'édition publiée par Roumanille du *Siège de Caderousse*, un chef-d'œuvre de puissante plaisanterie! Pour mettre le sceau à cette révolution et la perpétuer, toute une organisation fut instaurée avec mission de promouvoir la langue et l'orthographe nouvelles, de veiller sur leur observation et d'en conserver l'intact dépôt, à savoir : dans les villes des *écoles* dirigées par un *cabiscol* ; dans les provinces, — Languedoc, Provence, Aquitaine, Catalogne, — des *maintenances* présidées chacune par un *syndic*; au sommet, le *capoulié*, tête dirigeante du félibrige.

Malgré ce premier, vaillant et tyrannique effort qui se réduisait en fin de compte à forger de mille pièces juxtaposées un idiome non parlé et malaisément compris, à inaugurer à son usage une orthographe uniforme, à le doter d'écoles initiatrices, de maintenances conservatrices et d'un chef établi pour lui imprimer l'unité orthographique et vocabulaire, la langue générale n'était point créée, chacun, Catalan, Bas-Alpin, Marseillais, Nîmois, Toulousain, Avignonais, donnant, malgré soi et la règle édictée, la note dans son langage local, et l'accompagnement seul dans la langue convenue. Le second but, approprier au provençal le ton qui lui fait défaut pour rivaliser de sereine gravité et de mâle hauteur avec les langues faites, ne fut pas moins manqué, en dépit de réussites inespérées de la part de Mistral et d'heureuses rencontres à constater chez ses émules et quelques-uns de ses disciples. L'imperfection et la rebellion de l'instrument éclataient, quelles que fussent l'incontestable habileté de l'art et la puissance de lutte du génie.

N'eût-il pas mieux valu, au lieu d'exiger du provençal ce qu'il ne peut tenir que surmené et violenté, ne lui demander que ses qualités natives de grâce juvénile, de franche rondeur, de vive finesse et de verte gauloiserie? Ici il est incomparable, et, devant la richesse de ses ressources, le français semble honteux de son indigence. La langue d'Oc abonde tellement en augmentatifs et en diminutifs qu'elle peut les prodiguer indifféremment aux adjectifs, aux substantifs, aux verbes même; elle a retenu du latin, avec l'usage de conjuguer les verbes sans l'intervention obligée des pronoms, ce qui lui vaut une allure particulièrement vive et dégagée, certains mots composés qui ajoutent à sa fortune, tel que le verbe *se coumpaneja*, formé du pronom *se*, de la préposition *cum* et du verbe *agere*, et qui signifie *se bien comporter avec son pain*, c'est-à-dire ne pas le négliger pour un aliment préféré, mais en user en même temps. Il n'est point jusqu'au grec dont le provençal n'ait hérité quelques vocables de ses ancêtres phocéens. *Embalo me* nous reste avec sa signification ancienne, *jette moi dedans*. Le verbe français *emballer* dérivé de notre *embala*, nous a été pris par Rabelais, grand remueur de mots et d'idées.

N'eût-on pas mieux agi enfin, au lieu de former de pièces et de morceaux de toutes parts empruntés, ou même par voie de racines mères ou d'analogies sœurs, une langue de haute sélection philologique, que Mistral, fait significatif, a dû doter d'un dictionnaire composé tout exprès, n'eût-on pas mieux agi, dis-je, de chanter chacun innocemment dans son parler natal épuré d'alliage étranger? On était sûr ainsi de rester en communion de discours avec ses concitoyens et ses voisins, tout en donnant une entière satisfaction « à ce sentiment aussi vieux que le monde, aussi éternel que lui : l'amour de la langue du berceau », ainsi que le disait excellemment le syndic Aubanel dans son Brinde au banquet parisien de la Cigale. Ou bien si l'on voulait, à tout prix, reconstituer la vieille langue d'Oc, autrefois généralement usitée de ce côté de la Loire, ne convenait-il point de la rechercher là où, grâce à l'éloignement des courants extérieurs, elle avait échappé davantage à la triple invasion de l'italien et de l'espagnol d'abord, du français ensuite? La tâche était-elle impossible? En parcourant les vieilles archives d'Orange, j'ai acquis la conviction que la langue d'Oc s'est conservée bien plus pure dans l'Agénois que chez nous. Au XVIe siècle les arbres qu'aujourd'hui nous nommons ici *lis pibos, lis platanos,* nos aïeux les appelaient comme Jasmin : *lous pibols, las platanas.*

Quoi qu'il en soit des erreurs de voie suivie, le mouvement de renaissance provençale auquel notre siècle assiste, a produit et produira en son cours des œuvres qui lui survivront et dont le nom surnagera au-dessus des flots qui emportent chaque jour, comme des épaves, les vieilles et riches locutions de nos pères. Ils seront dans les siècles à venir les glorieux témoins, nos félibres et leurs productions brillantes, de la patrie locale qu'ils chérirent et honorèrent, du génie et des arts qui éclairèrent son déclin en l'illustrant de leurs vives et immortelles lueurs. Et, grâce à eux, la Provence aura eu cet heur, elle dont les troubadours saluèrent le berceau, d'enfanter en ses derniers jours sa plus grande et plus belle génération de trouveurs, d'avoir vu se dresser, aux deux limites de vie que Dieu départ aux nations comme aux hommes non fauchés avant l'heure, la muse qui, après avoir réjoui sa jeunesse de ses chants d'éveil et d'amour, couronne aujourd'hui ses vieux ans d'un laurier qui verdira encore sur sa tombe.

Fortuné destin, après tout, dans une male-chance. Quelle que soit en effet la vigueur de l'esprit humain, il ne lui fut pas accordé le pouvoir de lutter contre le cours des choses qui, entraînant tout dans une inexorable fuite, noie la famille dans la tribu, la tribu dans la cité, la cité dans la province, la province dans l'état et l'état dans ces vastes agglomérations de peuples où tout privilége, toute coutume, tout langage propre se perdent comme dans une mer sous l'empire d'une loi, de mœurs et d'une langue communes. Athènes, couronnée du triple bandeau des arts, de l'éloquence et de la poësie, dut céder à Rome supérieure par la seule politique, et, malgré leur grandeur souveraine, Démosthènes eût quitté la place à Cicéron, Homère à Virgile et l'art grec à l'art romain sans la résolution inespérée de Constantin qui, par le fait du transport du siége du pouvoir et du *Labarum*, étendart de sa nouvelle religion, sur les bords du Bosphore, coupa pour l'avenir l'empire romain et l'église chrétienne en deux moitiés, laissant l'Occident aux Latins, livrant l'Orient aux Hellènes, l'Afrique entr'eux partagée.

Nonobstant la splendeur ancienne, à ce degré et si loin rayonnante de la langue d'Oc que Dante, sur le point d'écrire son immortel poëme, hésita entre celle-ci et sa langue maternelle, le provençal fut condamné du jour où les rois de France étendirent leur domination de Paris aux Alpes et aux Pyrénées. En dépit de sa pauvreté relative d'expressions, des entraves qui allourdissent sa marche, de son moindre lustre littéraire, la langue d'Oïl allait triompher, non pas du coup sans doute, mais aidant les siècles et la force tantôt latente, tantôt manifeste, mais toujours sûre de la conquête. Tout s'empresse vers les causes victorieuses, les peuples non moins que les dieux, et leur joug, maudit d'abord des vaincus, finit à la longue de subir par être accepté. *Vœ victis*, ce fut notre sort et celui de l'idiôme méridional. Nos protestations contre l'arrêt du destin n'y feront pas plus, quelque poétiques qu'elles soient, que celles de Caton, quelque éloquentes qu'elles fussent.

A l'heure présente, il en coûte à notre patriotisme de l'avouer si bas que ce soit, la lutte n'est plus et ne saurait être entre le provençal et le français, mais entre la langue nationale et les autres langues européennes. Le français qui fut, grâce à notre prépondérance au XVIIe siècle et à ses grands écrivains, la langue un moment souveraine en Europe, en est restée la langue diplomatique, comme l'anglais, langue officielle aux Indes, parlée aux Etats-unis, est la langue genérale du commerce. Quant au russe et à l'allemand, idiômes de deux peuples qui s'agitent aujourd'hui, qui combattront demain pour la suprématie dans le monde, leur avenir reste en suspens, lié qu'il est au succès des deux nations tôt ou tard contendantes.

Cette situation dicte notre conduite : être unis pour être forts. Un peuple unique, animé du même souffle, respire de la Manche à la Méditerranée, toutes les vieilles barrières de provinces abattues. A ce peuple, il ne faut qu'une langue pour qu'il n'ait qu'un esprit. Toute force intellectuelle qui se prodigue en dehors est une force perdue, je ne veux pas dire hostile. Le mot a été prononcé, je le crois injuste. Mais il y a là un danger si l'on songe à certaines doctrines fédéralistes et communalistes qui, s'étant révélées aux jours de nos désastres et leur survivant peut être, menacent notre unité nationale, instrument dans le passé de notre grandeur, seule garantie de notre existence dans le présent. Or, par ce temps de déchéance littéraire et morale où la pensée qui devrait monter s'abaisse, où ce qui pourrait être cause de relèvement devient principe de chûte, il importe à la France que des talents purs, généreux, rayonnants,— tout un sang nouveau à verser dans un sang qui s'épuise, — ne se dépensent point en une monnaie, précieuse sans doute, mais qui n'a cours que parmi les curieux, amateurs de choses rares, ou auprès des philologues, appréciateurs de vieux et savant langage.

Courage donc, fils de la muse provençale ! La muse française sera heureuse de vous adopter parmi les siens, vous enfants aussi de la race latine, et par elle, héritiers des grands poëtes grecs. Sous le triple étendart d'Homère, de Virgile et de Corneille, à l'heure où d'autres lutteront pour le gouvernement de la terre, vous combattrez, recrues héroïques, avec les juristes et les historiens, avec les savants et les philosophes vos frères, pour la suprématie intellectuelle qui constitue la vraie supériorité des peuples. Le génie de notre nation si profondément humain qu'il lui fait oublier ses intérêts propres, notre langue habituée à l'expression des idées générales, nos tendances en tout universalisatrices, semblent disposer la France pour ce rôle et le lui promettre. Précurseur des temps futurs, n'a-t-elle point la première inscrit sur son Labarum la formule à qui, quelles que soient les vicissitudes de la bataille, restera assurément la victoire : *unité politique des peuples.*

II

M. Gabriel-Augustin Boudin, né à Avignon le 26 mars 1805 du mariage de Joseph-François Boudin et de dame

Julie Rave, décédé dans cette ville le 29 octobre 1872, représentait, au sein du Félibrige, les traditions de l'école antérieure, l'école provençale intermédiaire, parlant la langue populaire du pays, le patois local avec la franchise d'accent, la gaîté et la hardiesse de propos, la verdeur de ton, et la grâce familière qui lui sied. Ses maîtres — pas en morale ni en crudité de termes bien entendu — furent, avec Saboly, si vif d'esprit, si ingénieux de mise en scène et si naturel de discours dans ses incomparables *Noëls*; avec l'auteur du *Siège de Caderousse*, le malin prieur Favre qui, contemporain de Voltaire, rappelle mieux que lui leur ancêtre commun Rabelais; Hyacinthe Morel, l'auteur piquant et parfois cocasse du *Gaboulet*; et Castil Blaze, si vivant de naïve et grotesque humeur dans le *Renaire* (le Grognon), si leste dans le *Pessu de Juver*, (la Pincée de persil). De ces deux derniers maîtres, le premier fut son professeur de Rhétorique, après avoir été — qu'on me permette ce souvenir personnel — celui de mon père et de son illustre condisciple M. Mignet de l'académie française; le second l'honora à Paris, plus tard, d'une amitié mêlée de réelle estime pour les essais naissants de sa muse.

J'ai dit *naissants*, car la muse d'Augustin Boudin, fait curieux à noter, sauf une lueur de vie avant l'heure, s'éveilla sur les bords de la Seine et au seuil de l'âge mûr. Aussi les ailes étaient elles prêtes, quand la chrysalide prit son essor. — Traits caractéristiques! Augustin Boudin, enfant frêle et délicat, avait à ce point la passion de l'étude qu'au collége son trop d'application le rendit malade; qu'entré ensuite à la Mairie d'Avignon comme employé, il y trouva le temps d'apprendre l'anglais; et que, chargé chez M. Poncet aîné, négociant en soies et en garances, de la correspondance commerciale, il y ajoutait la connaissance de l'italien et de l'allemand au point d'émerveiller M. Kleitz, son professeur. En même temps le goût de l'art le prenait, et, à l'exemple de son frère aîné et du peintre Lacroix, son ami, il devenait l'un des meilleurs élèves de l'école municipale de dessin dirigée, à cette époque, par M. Raspay, un véritable artiste de province, modeste et consciencieux.

Tant de dispositions pour les langues, jointes à l'amour des belles choses qui sollicitent si puissamment le crayon et le pinceau, préparaient peut-être assez mal le jeune commis de la maison Poncet pour le commerce, auquel sa famille le destinait. En revanche elles lui facilitaient l'accès des lettres vers qui l'entraînait une vocation visible. Pour complaire à ses parents qui le voulaient commerçant et que la mort de son frère Thomas privait d'un excellent comptable, il consentit à tenir les livres de la maison, et à ouvrir près d'eux, dans une attenance de leur local, la petite maison de la Bancasse, un bureau pour l'achat et la vente des soies. Ceci se passait en 1833.

Mais voilà le diable qui s'en mêle. A cette époque le café du Jeu-de-Paume, tenu par François Boudin, était un établissement public à part et qui n'a d'analogue aujourd'hui que les grands cercles. Point d'enseigne. Un long corridor s'ouvrant rue Bancasse, percé sur le milieu d'une porte donnant entrée dans la vaste salle du jeu de paume, conduisait les habitués du lieu et les initiés étrangers vers une cour semi-circulaire. Au milieu de cette cour s'élevait une rotonde de verdure où, dans la belle saison, on vous servait le matin le chocolat et le café au lait, l'après-midi et le soir des glaces et des sorbets. Au nord et à l'ouest, se faisant suite, le laboratoire, les salles de café, de billard, de jeux, le salon de lecture. Derrière le laboratoire, la cuisine allumait ses fourneaux au service d'un restaurant tenu tour à tour par les meilleurs cuisiniers de la région et où l'on accédait tant de l'intérieur que du dehors.

Ainsi organisé, cet établissement était comme un rendez-vous de famille pour le haut commerce d'Avignon, la riche bourgeoisie et les personnes auxquelles leur éducation, leur culture des arts, des lettres, des sciences prêtaient un lustre d'opinion que l'on jugeait avec raison l'équivalent de l'avantage matériel de la fortune. Au milieu de cette société, qui se distinguait par ses lumières et son libéralisme sans morgue et sans exclusivisme, le jeune Augustin fut accueilli, d'abord en qualité de fils de la maison, puis, à mesure qu'il fut mieux connu, à titre personnel. Il devint un des siens. Se présentant sous le patronage de son vieux professeur, Hyacinthe Morel, de son vivant l'un des fidèles du Jeu-de-Paume, il eut bientôt lié connaissance avec tous, gagné l'amitié particulière de M. Ayme, collectionneur de belles toiles et honoré de l'intimité du peintre Bigand, et conquis la cordiale affection de Requien, cœur généreux et grand naturaliste, universellement répandu par ses relations infinies dans toutes les sphères de l'intelligence en France, en Europe et hors d'Europe.

Il connut là aussi de près M. Chambaud, conservateur du Museum-Calvet et correspondant pour l'histoire de notre contrée du ministère de l'Instruction publique. Bouillante imagination sous une froide enveloppe, Augustin Boudin n'y tint plus. Il rêva, poussé par le démon intérieur, grisé par l'influence du milieu, une grande entreprise littéraire; il proposa à M. Chambaud, qui devait l'accompagner des notes critiques nécessaires, la traduction et la publication de l'Histoire d'Avignon par Fantoni. Cette proposition très sérieuse et activement suivie de sa part, après avoir été agréée, fut malheureusement déclinée plus tard. « Lorsqu'il fut question entre nous, il y a sept ou huit ans, de la traduction de Fantoni, je vous promis effectivement de vous fournir des notes sur l'ouvrage de cet auteur. Je le ferais encore, si mes occupations actuelles le permettaient.... (Lettre de M. Chambaud du 16 août 1844). Quoi qu'il soit advenu du projet, il prouve que le négociant en soies de la Bancasse avait d'autres soucis en tête que ses affaires et de plus chers. Aussi profita-t-il de la chûte des florences et des taffetas à Avignon pour liquider son commerce et fermer sa petite maison.

En 1843, son ami Lacroix quittait sa cité natale pour entrer à Paris dans l'atelier de Henri Scheffer. Après lui avoir adressé une épître de félicitation enthousiaste, sa première épître provençale, — une sorte de jalon avant-coureur planté sur la route à ouvrir,— Augustin Boudin profitait du retour du peintre à Avignon, promptement suivi de départ, pour déserter, lui aussi, le foyer paternel. Dès ce moment sa voie était choisie, il allait se livrer tout entier aux muses, au courant des sujets et de l'inspiration. Il avait emporté ou recevait de ses amis et compatriotes, Requien, Ayme, Chambaud, d'autres encore, des lettres de recommandation pour Horace Vernet, Paul Delaroche, Bigand, Charles Martin, Augustin Thierry, Castil-Blaze, Niel, etc, qui lui donnèrent, dès son arrivée, ses grandes et petites entrées dans le monde des arts, des lettres, des sciences, la terre promise de ses ambitions.

De là une première moisson poétique, les *Epîtres*. C'est la gerbe parisienne, que composent de leurs épis d'or, tantôt les souvenirs éveillés du cœur, tantôt une vive amitié née des plus beaux sentiments, la reconnaissance, l'admiration, la compassion sainte pour le malheur dans la gloire. A la première catégorie, la mémoire affectueuse, appartiennent les Epîtres à l'abbé Sauvaire, et *à ma mère*. — Parti un jour de Paris pour visiter la basilique de Saint-Denis, notre poète s'y trouve juste au moment de l'office et voit passer devant lui la file des chanoines. L'un d'eux, doublement décoré de l'étoile de la légion d'honneur et de la croix du Christ, attire particulièrement ses regards. Circonstance merveilleuse! dans le noble chanoine de Saint-Denis, M. Boudin, perçant le voile des années, a reconnu un jeune abbé qui,. à la veille de sa prêtrise, fut son catéchiste à Avignon. Là dessus son imagination s'allume au feu du passé. Bonbons, reliques, saintes images, cadeaux du catéchiste aimé, promenades avec lui à travers la ville, d'une église à l'autre, et, à l'abri de son manteau l'hiver, il se rappelle et se représente tout, tout jusqu'au bonnet carré de l'abbé, dont il se coiffait si fièrement et qui faisait fermenter en son cerveau de si grands rêves! Bref! *dans la joie de retrouver son catéchiste béni, il redevient enfant.*

Telle est l'Epître à l'abbé Sauvaire. Note analogue dans l'Epître *à ma mère,* avec un ton en plus de franche humeur provençale, qui la rend tout simplement adorable d'originalité. — C'est la Noël, la fête des familles dans le midi de la France, le jour du *Calendal.* Enfermé à Paris dans sa chambrette de garçon par le plus horrible des temps, — il vente et neige, — Augustin Boudin souffle un bois vert qui geint, pleure et s'évapore en dense fumée, au lieu de flamber clair et chaud. Pendant qu'il grelotte et étouffe, toujours soufflant et tisonnant dans l'espoir insensé de se chauffer, notre poëte évoque en esprit l'image de sa mère qui n'a qu'à toucher une bûche pour la transformer en *cache-feu,* celles de sa sœur, et de ses deux ou plutôt de ses trois frères, car Cauchard est pour lui, plus qu'un beau, un vrai frère. Et le voilà, du coin de sa froide cheminée, transporté près de la grand'table de fête, chaudement assis au foyer maternel. De là, entre chien et chat, il assiste avec les deux faméliques aux préparatifs et aux agitations de la cuisine. Il entend le bruit du tourne-broche, il entrevoit le coq dinde resplendissant de belle et fine chair, bardé et galonné comme un général ! —*Monsieur, faut-il l'enlever de broche?* demande Marianne la cuisinière à Cauchard. — *Non, encore une javelle,* répond celui-ci. — Et vite Marianne d'apporter un sarment, et, pour lui donner le dernier apprêt, de flamber la grande volaille avec un lard qui fond en jus bouillant dont elle l'arrose et la réarrose. C'est le moment de servir.

Quel parfum de truffes à ressusciter l'ombre gourmande de Brillat-Savarin ! Aussi les convives se lancent-ils, vaillants à l'assaut du dinde ; la place en moins de rien est prise et saccagée, il n'en reste que les débris ; et nos gaillards n'ont pas fini, loin de là ! Voici venir le dessert, où se marient, au contentement de messire gaster, les friandises de ménage aux confiseries du Suisse, aux pâtisseries de Barretta et de Combette ! Mais la mère, sainte femme, a vu se profiler aux vitres de la croisée la silhouette d'un pauvre affamé réclamant la part du bon Dieu. Il l'aura, il sera de la fête, pendant que le fils de la maison, le malheureux exilé de la rue Vaugirard, chantera noëls sur noëls sans participer, hélas ! au calendal. Il songeait et soupirait de la sorte, le poëte endolori, lorsque, pan ! pan ! il reçoit la visite d'un brave homme et d'une caisse, l'un portant l'autre. *La caisse est affranchie*, dit le porteur. Augustin devine à ce mot le secret. Il saisit marteau et maillet. Miracle ! c'est tout une besace garnie ; avec trois fouaces, il compte mille morceaux friands ! Nougats de toute espèce et de toute couleur, figues et pommes, raisins frais et oreillettes à foison ! Saisi de respect à ce spectacle, notre poëte salue chapeau bas. Merveille plus surprenante ! son bois, qui lui résistait tout à l'heure, pétille maintenant ; il s'est allumé seul ! Une invisible main, la main de la donatrice, l'a touché. Alors c'est un alleluia, un cantique d'actions de grâces à sa mère, qui part étincelant comme le bouquet d'un feu d'artifice ! et où se mêlent humoristiquement les fusées parties du cœur aux cris reconnaissants de l'estomac !

Parmi les autres Epîtres, admirativement affectueuses quand elles sont adressées au peintre Delaroche, à Castil-Blaze, à Mme Louise Colet, à Bigand, à Moquin-Tandon, etc., plus simplement amicales quand elles vont frapper chez des amis tels que Lacroix, Laplanche, Chautard, Geoffroy, etc., deux sont à noter à cause de leur bonheur d'inspiration et de leur caractère spécial: l'Epître à Requien et celle à Augustin Thierry. Pour célébrer la convalescence de Requien, un bienfaiteur pour lui, notre poëte a rencontré l'idée la plus ingénieuse. Pendant que la Mort narguée descend l'escalier du savant, vaincue qu'elle est par les prières qui ont désarmé le ciel, poëtes et lettrés, artistes et savants, arrivant de tous les coins du globe, montent ce même escalier comme en pèlerinage. Le troubadour y vient à leur suite chanter son aubade, entraînant sur ses pas toute la flore de l'univers émue et portée par sa reconnaissance pour le grand botaniste. Ne sont-ce point là des traits vraiment trouvés et qui dénoncent l'inventeur, *lou troubaire*? Dans l'Epître à Augustin Thierry, si touchante d'immense sympathie pour celui qui partagea avec Homère, dans un degré sans doute moindre, l'éclat des œuvres et les tristesses de la cécité, on a dès longtemps remarqué une strophe, merveille d'art attendri, aubaine d'un hasard heureux. « Tu ne resteras pas seul, non, j'en ai vu l'augure à la messe de Port-Marly, quand, au son de la clochette, un papillon d'or, symbole de résurrection, vint se poser sur le catafalque, et qu'au mot de l'officiant : *Monte au ciel, âme de chrétien*, il s'envola dans les airs, âme étincelante. » Augustin Thierry fut si touché de l'Epître et si épris du talent, qu'il crut pouvoir ambitionner pour l'auteur la gloire de Jasmin et formuler le désir de lui voir « doter son pays de quelques uns de ces poèmes par lesquels le poëte d'Agen a élevé l'idiôme languedocien à la hauteur et à la dignité d'une langue. »

Ce vœu d'un illustre et bon juge, Augustin Boudin qui y est préparé, — ses Epîtres le montrent, — saura l'accomplir un jour, à son retour à Avignon. Pour le moment, il est tout à Paris. Partageant son temps entre l'art et les lettres, il visite les ateliers des peintres et des sculpteurs méridionaux, ses vieux ou nouveaux amis, Horace Vernet, Paul Delaroche, Lacroix,

Chautard, Avoustin, Clérian, Charles Geoffroy, Véray, les frères Brian; au sortir de là, il entre aux cours de la Sorbonne et du collége de France pour y entendre Ozanam, Jules Simon, Quinet et Michelet. C'est au cours de ce dernier que nous liâmes connaissance en mai 1844, présentés l'un à l'autre par M. Tamisier, son compatriote et mon camarade de collége. Heureuse circonstance pour tous deux, car, atteint quelques mois après d'une grave maladie, la fièvre typhoïde, je pus le prier de me remplacer momentanément auprès d'Augustin Thierry dont j'étais devenu le secrétaire sur l'amicale présentation de mon savant ami M. Deloye, son collaborateur pour la publication des documents inédits de l'histoire du Tiers Etat. Et, grâce à cette occasion vivement acceptée par Augustin Boudin, qui y vit un double service à rendre à l'écrivain et à son secrétaire, il put, au courant des dictées du grand historien, apprendre les secrets de la science sévèrement scrupuleuse en matière de vérité et de l'art d'écrire, qui ne se contente ni de l'à peu près dans le choix des expressions, ni de la phrase de premier jet, quelque heureux qu'en soit le tour, si elle défaut, tant peu que ce soit, en clarté justement nuancée ou en parfaite exactitude.

III

En Juillet 1847, des affaires de famille ramènent Augustin Boudin au pays natal et il songe alors à justifier l'opinion de l'éminent écrivain qui l'avait invité à entrer dans la voie de Jasmin et qui le saluera plus tard du titre de *son plus heureux émule*. Son premier essai, *Lou soupa de Saboly*, fut un coup de maître. Hommage d'admiration délicate et sentie au célèbre auteur des Noëls, il n'est point exempt de raillerie fine et égayée pour l'innocent travers d'un homme d'étincelant esprit auquel sa gloire, aimée du peuple, accueillie des grands, ne suffisait point s'il n'en recevait la petite monnaie, le camail et la stalle de chanoine. Charmant d'entrain, vif d'allure, semé de traits, *lou Soupa* plait; agréablement humoristique quand il n'est pas franchement comique, il provoque tour à tour le rire et le sourire. — Toujours féru de sa marotte, malgré des promesses données deux fois et deux fois non tenues, en dépit de serments deux fois prononcés devant sa servante Babelon de renoncer à jamais au canonicat et à ses vaines pompes, Saboly se présente, dès la troisième vacance qui a lieu, au choix du chapitre de Saint-Pierre. Et, piquante circonstance, il prend pour complice de son ambition renaissante celle-là même qui a été témoin de ses serments de renoncement renouvelés, Babelon. Sortie du monastère des grandes Dames de Saint-Laurent, elle excelle dans la tourte aux anchois, dont MM. du chapître sont friands. Saboly lui en commande onze, c'est le nombre de ses électeurs. Ils seront chez ceux-ci les annonciateurs bienvenus de la visite du candidat, ses saint Jean précurseurs. La chose frise la corruption, dira-t-on. Mais on n'y regardait pas d'aussi près au XVIIe siècle, et la tentative ne s'adressait qu'à des estomacs disposés au pardon le plus évangélique en ces sortes de crimes. On le verra bien.

Madelon, qui n'y entend pas malice plus que son maître, fait, les tourtes préparées, réussies, cuites à point, dorées à l'œil, odorantes au nez, un bout de toilette pour les porter. Suit le portrait de la servante tout juste canonique, un portrait mi-partie de Greuze et de Wateau, souriant de grâce innocente. MM. les chanoines accueillent la messagère et le don à l'avenant. Ils ont des sourires, souligne le poëte, et pour les tourtes et pour Babeau; si bien que, de retour au logis, celle-ci pût dire sans s'en faire accroire : « S'il s'agissait de moi, à coup sûr j'aurais le camail. » Saboly se frotte les mains, il jette sur sa soutane la plus fraiche l'étroit et long manteau de visite, et part animé d'espérance. Le succès de la servante n'est-il point un garant de celui du maître? Délicates flatteries assaisonnées d'esprit, humble courtoisie et douceur caressante de parole, il n'oublie rien auprès des chanoines pour réussir. Il s'abaisse pour qu'on le hausse. De tous il est bien reçu, tous lui prophétisent la victoire. Prêtre et poëte, lui disent-ils, n'a-t-il pas plus de titres qu'il n'en faut pour appeler sur lui un choix glorieux au chapître? Désir aidant, il les croit et si entièrement qu'il se prélasse déjà en imagination dans sa stalle capitulaire, qu'il caresse amoureusement les plis de son camail de soie, qu'il donne à ses voisins l'amicale accolade, qu'il respire, narines grand'ouvertes, le triple flot règlementaire des nuages d'encens. La vanité satisfaite, le cœur s'attendrit et veut aussi ses joies. Notre chanoine fête de quelques aumônes son avénement, il fait dire dix messes à son prédécesseur, il augmente les gages de Babeau de cinq écus, il jette aux enfants de chœur une pluie de patas, il débouche en signe de confraternité, avec le chanoine Folard venu tout exprès de Nîmes pour saluer dans un ancien ami un nouveau collègue, une bouteille de vieux Châteauneuf cacheté. C'est l'éternelle fable du pôt au lait présentée sous un autre jour et contée dans une autre langue avec le même enjouement et le même bonheur.

Passons maintenant, pour abréger, sur l'épisode de la sorcière qui tire les cartes à Babelon et la vive scène qui s'ensuit, sur le double augure contradictoire de la poule pondant un œuf frais, et du chat se payant un gala de douze alouettes aux dépens du chanoine en expectative. L'œuf pondu lui promet un supplément de déjeûner, bon signe ; mais le matou larron le prive de son rôt du soir, funeste présage ! Passons aussi sur les transes des trois jours et des trois nuits sans fin qui séparent le candidat du moment de l'élection, et qui tantôt le ramènent déconfit à son violon, à son pupître, à ses enfants de chœur, tantôt transformant l'humble maître de chapelle en radieux chanoine, le mettent en possession de la stalle, du camail et des honneurs convoités. Passons enfin sur l'assemblée du chapitre, sur la foule impatiente et diverse de sentiments qui entoure son lieu de réunion et au milieu de laquelle invective Cadenière, un sot qui, pour s'être donné le jabot de la particule, a reçu du poète un ridicule qui lui survivra; passons sur tous ces détails lestement relevés pour arriver au cri de vive Saboly ! tout-à-coup jeté dans la rue, et qui, tout chaud recueilli par le messager de notre noëliste, l'a trompé, lui d'abord, puis Saboly qui, certain désormais de sa nomination, s'est mis en devoir d'aller, dès la sortie du conclave, remercier ses électeurs, après avoir intimé au préalable, dans sa fougue de reconnaissance, l'ordre à Babelon d'ajouter quatre plats au dîner qu'il doit leur donner le soir, son tour de rôle d'amphytrion alternatif tombant en ce bienheureux jour.

Saboly comprend vite à l'embarras des chanoines remerciés, qu'il y a eu méprise de sa part, qu'un autre est l'élu. Il le comprend, mais il sait dominer sa rage afin de mieux se venger. La vengeance! ce plaisir des dieux et des fils d'Apollon, il la médite pour son compte, l'irritable poëte, il la veut éclatante et cruelle. Comment frappera-t-il ceux qui trois fois ont trahi leurs promesses et infligé trois fois un affront à la muse en sa personne, comment et sur quel point? A l'endroit sensible, à l'estomac, morbleu! — Il a trouvé; il appelle Babelon, il lui ordonne, d'un ton qui ne souffre pas réplique, d'apporter un baquet, puis tous les plats qui doivent figurer au souper, entrées et rôtis, entremets, salade et desserts. Pendant que la servante, stupéfaite, les lui tend un à un d'une main tremblante, Saboly les prend, les jette dans le baquet et remue le tout avec un manche à balai, mariant impitoyablement les pigeons au sang à la crème, au chocolat, le coq dinde truffé et éventré à la salade, les fines pâtisseries aux gratins, les sucreries au Roquefort réduit en purée, les confitures à la chandelle en fusion tombée des mains de l'infortunée servante qui s'est évanouie devant ce crime patent de lèse-cuisine.

L'œuvre de vengeance prête, notre poète pose d'une main triomphante le baquet au centre de la table, sur un réchaud. Exacts comme des rois quand il s'agit de dîner, sept heures sonnant à Jacquemard, les chanoines arrivent, l'un poussant l'autre, dans la salle à manger. Saboly les accueille en leur promettant merveille. Chacun guête du coin de l'œil son plat favori ; ils ne voient que le majestueux baquet. « Nous commencerons par là, dit Saboly, c'est un thian de Monteux. Babeau y a mis du sien, vous ne lui en ferez pas de reproches. » Et vite Saboly de leur servir le fameux thian. A peine y ont-ils goûté que nos gourmands, pris de dégoût et de nausées, pestent et crachent à l'unisson. Puis, sur un signe que leur fait la servante revenue de sa pamoison, ils se croient empoisonnés par un fou, et poussent des *cavalisco*, des pouahs ! rudement ressentis. Alors Saboly, d'une voix satisfaite, leur débite ce petit apologue : « Vous trouvez mon mélange mal réussi, un véritable poison. Il représente le chapitre pourtant. En particulier vous êtes charmants, autant que seraient délicieux servis à part chacun des plats là amalgamés ;

réunis, vous êtes des viédazes et valez moins que cela.» Les chanoines, se le tenant pour dit, décampent quatre à quatre, pendant que Saboly, armé de son violon, les accompagne d'un couplet de ses noëls plaisamment approprié à la circonstance.

Votre souper sera mal cuit ;
Je crois que ferez maigre chère ;
Car, si vous avez faim, cette nuit,
Nul recours que la panetière.

Tel est, en résumé, ce piquant poëme dont la lecture suscite une question, que le poëte n'a pas posée de peur peut-être d'y répondre. Pourquoi Saboly, qui y avait tant de droits, ne pût-il obtenir le canonicat? On pouvait, il est vrai, lui reprocher un vice capital, d'avoir plus d'esprit à lui seul que le chapitre rassemblé. Mais il était si bon compagnon, si peu ou si naïvement enflé de sa gloriole, que sans doute on la lui eût pardonnée comme défaut de peu de conséquence. Il faut dès lors chercher ailleurs la cause de son exclusion. Mes ancêtres ayant été mêlés, comme lieutenants royaux, dans une commune assez populeuse du Comtat-Venaissin, Caderousse, au mouvement de réunion qui, par deux fois, aux XVIIe et XVIIIe siècles, plaça sous la main des rois de France l'enclave d'Avignon, j'ai su par tradition de famille quel ressentiment avait laissé chez les représentants de la cour de Rome et dans la masse du clergé ce mouvement d'occupation injuste, quelque temporaire et tout de circonstance qu'il fût.

Il est permis de conjecturer, par quelques passages

de ses noëls, que Saboly, dans ces temps de trouble, qui avaient divisé la ville d'Avignon, s'était montré favorable au parti français. Dès lors, si l'on admet que la légende du *Souper* n'est point une fiction et que le maître de chapelle à Saint-Pierre ait plus d'une fois sollicité le canonicat auprès des membres du chapitre, on pourrait trouver là une des causes qui ont fait qu'il n'a jamais obtenu l'honneur qui était l'objet de ses désirs. Malgré sa soumission au retour du Vice-Légat, on se serait souvenu peut-être de ses tendances et de ses sentiments passés.

Lié à Saboly par la triple confraternité de la langue, du talent et d'une même patrie locale, — car si Saboly était né à Monteux, l'auteur du *Soupa* en était originaire, et tous deux ont vécu et sont morts à Avignon, — Augustin Boudin ne se contenta point de l'hommage d'un poëme tout entier consacré à son aimable compatriote et spirituel prédécesseur du XVIIe siècle. Il rechercha avec un zèle pieux comme autant de reliques tous les vestiges inconnus qui pouvaient rester de lui, et, lorsque le Félibrige conçut le projet filial de lui élever un monument, il consacra avec enthousiasme à la réalisation de ce projet son influence, ses forces et son argent. Il donna, se fit quêteur, et apporta la plus large offrande.

Les efforts d'Augustin Boudin obtinrent leur prix. Il découvrit dans une étude de Marseille le testament de Nicolas Saboly, qu'il publia, et, coïncidence qui semblerait confirmer la croyance populaire au don de double vue des poètes, il se rencontra que le principal légataire du noëliste était sa servante Isabeau, c'est à dire de ses petits noms *Babeau, Babelon* ainsi que l'avait appelé l'auteur du *Soupa*. A cette première récompense inattendue, une seconde fut ajoutée, bien gagnée celle-ci. Reconnaissant de tout ce qu'il avait fait pour Saboly, l'illustre Capoulié du Félibrige, M. Mistral, lui écrivait, le 29 septembre 1869. « Voici une prière que je vous fais. Il est de toute convenance que vous soyez le Président de la commission du monument de Saboly. Vous avez droit à cet honneur et par l'importance de vos souscriptions et par le culte que vous avez professé toute votre vie pour le bénéficier de Saint-Pierre. » Pourquoi faut-il que, M. Boudin décédé au jour qui tarda trop pour lui de l'érection de ce monument, on ait oublié d'associer son nom au nom de celui qu'il avait aimé et chanté plus que personne, qu'on ait même oublié, dans la convocation générale des souscripteurs, précisément ses meilleurs amis, qui, eux, se fussent souvenus de lui ? Omissions regrettables pour un dévoûment qui méritait mieux et dont la mémoire en cette circonstance s'imposait à l'égal d'un devoir.

Au *Souper de Saboly*, où la note joyeuse domine, vinrent s'ajouter successivement cinq autres petits poëmes d'un tout autre caractère : *La Crêche de la Sainte Enfance, Angèle, la Crêche consolatrice, la Sœur de charité, le Grand dévot à saint Gens*. Tous également inspirés par les plus purs sentiments de l'âme — piété maternelle, piété filiale, charité chrétienne, héroïsme religieux, — tous portant l'empreinte vivement marquée des mœurs locales, ils s'adressent au cœur plus qu'à l'esprit, et provoquent, au lieu du franc rire gaulois, ou de douces larmes, ou la sympathie profonde ou l'admiration sincère. Pour couper court, — il le faut après la longue analyse du *Souper*, — je me bornerai à donner sur le poëme d'*Angèle* l'appréciation du maître en poésie méridionale. Voici ce qu'écrivait Mistral à l'auteur, le 26 juin 1860 : « J'ai lu avec une véritable émotion votre charmant poëme d'Angèle. Il est impossible d'être plus pathétique avec plus de simplicité, impossible de peindre en langue provençale tant de nobles sentiments et d'aussi gracieux tableaux avec plus de naturel et de couleur locale. Vous avez, vous aussi, trouvé votre voie et votre originalité : le récit naïf de petits drames populaires habilement enchassés dans la peinture de nos mœurs. » Cette critique, si justement élogieuse, s'appliquerait avec la même convenance à tous les poëmes ci dessus cités, sauf au *Grand dévot à saint Gens*. Mais, comment revenir sur ce dernier après ce qui en a été si bien dit par M. Sauve de Monteux (1) ?

IV

Avec les poëmes concourent, qu'on les considère sous le rapport du mérite ou d'après l'époque de la compo-

(1) Voir la note de M. Deloye p. 227 des Gerbettes.

sition, les *fables* et les *contes* ; et ceux-ci se différencient des fables bien moins par la moralité que par la nature du récit, plus circonstancié et moins pressé de conclure que d'amuser chemin faisant. — Enseigner aux classes ouvrières, sous la forme naïve et bienvenue de l'apologue et dans leur propre idiome pour en être mieux compris, l'amour des choses belles et honnêtes, aux riches leurs devoirs envers les pauvres, telle est la pensée qui a présidé à la création du *Lis et de la Violette*, à celle du *Partageux*, deux fables qui se font pendant et se complètent l'une par l'autre, comme formant la solution en équation double d'un même problème, celui de la solidarité des classes humaines. — Les semences socialistes ont fait germer, dans les cœurs les plus humbles, les sourds ferments de l'envie ; si grande a été la contagion que l'emblême même de la modestie, que la violette a porté sur le sort du lis superbe un regard de désir. Mais la royale fleur apprend à la violette les dangers de la grandeur et les avantages de la petitesse. A ses paroles, où l'on sent vivre la vérité, la violette se console et elle plaint ceux qu'elle jalousait; car, voyant juste enfin, elle n'aperçoit plus dans ceux qu'elle croyait les favoris de la fortune que des frères différemment malheureux. Désormais elle n'enviera plus la vaine élévation d'autrui, mais, ses désirs montant vers le principe de la hauteur véritable, *d'un élan elle s'élèvera à Dieu*.

Nous avons dit le but du Partageux, moraliser l'opulence à son tour. — Il était un riche aussi glorieux qu'avare, un *serre-piastres*, un vantard étalant, à toute heure, ses trésors devant de pauvres hères. Je vous laisse à penser si ce spectacle devait réjouir l'âme des malheureux. Longtemps l'affaire n'eut pas d'autres conséquences, et le richard, malveillant, jouit sans danger et de ses joies de Crésus orgueilleux et de la convoitise irritée de ses souffre-douleurs. Mais enfin un orage populaire éclate, on parle de partage et de communisme. Vite le superbe alors de changer d'allure et de langage. Il s'en va vêtu comme un chiffonnier, il n'a plus d'asile, plus de pain à mettre sous la dent, tant la révolution l'a frappé, le pauvre homme ! La leçon par bonheur, événement trop rare, porte bientôt ses fruits. La fastueuse chicherie quitte la place à la noble bienfaisance. Loteries, souscriptions, bals et banquets en l'honneur de l'infortune, notre ex-avare est de tout et des premiers. Rentré en lui-même, le voilà converti, tant et si bien qu'il est partageux. — Partageux, se peut-il ? — Oui, *partageux du bon Dieu! de Dieu, l'auteur de tout, le grand maître de la propriété et qui en devient l'assureur, pourvu que nous lui donnions pour garde et pour rempart la sainte charité !*

Les leçons de morale générale vont, dans les fables d'Augustin Boudin, de compagnie avec les leçons de morale sociale et chrétienne. Si *L'Enfant et les Châtaignes* démontrent la nécessité, dans un intérêt public d'ordre et de paix, de l'éducation des enfants, *Les Héritiers* enseignent à ne point juger sur l'apparence.

— Un vieil oncle, goûte-tout-seul, avait, pour dépister les voleurs, fait plusieurs nichées de son or. Ses trois neveux à sa mort en eurent quelque vent : — il n'y a tels que les héritiers pour avoir le nez fin ! — Chacun comptant sur sa bonne étoile, chacun persuadé de deviner où gîte le magot, ils conviennent de s'en remettre au hasard de la fortune et passent accord que toute prise sera bonne prise. Ce conclu, ils prêtent serment comme les trois Horace, peut-être serait-il mieux de dire les trois voraces? Sitôt fait, tous trois de se précipiter en même temps dans la cabane du défunt. Il faut voir comme leurs mains se multiplient! Oh! que l'ouvrage presse! Et que, mis à la tâche, l'héritier mène prompte besogne! Bref, — car il est impossible de suivre avec la lenteur de la langue française la rapidité tourbillonante du poëte provençal, on dirait une vive flamme fouettée par les folles bouffées du vent, — bref, de nos trois chercheurs de trésor, deux seuls ont réussi. Le troisième reste dolent et les mains vides. *Fortune est insolente.* Les heureux montrent à leur frère, bien plus pour railler que pour le consoler de sa déconvenue, un pauvre pot de grès, d'extérieur si méchant, de si piteuse et basse mine qu'on le croirait honteux de lui-même. « Tu l'auras par dessus le marché. Tintera-t-il?... Qui sait? » L'infortuné chercheur l'avise, et, la rage au cœur, d'un grand coup de pied, le fait voler en éclats. *Chance miraculeuse! Etincelants en l'air, de son sein s'élance une volée de louis d'or*. On vous avait prévenu : il ne faut pas juger sur l'apparence.

La fable, *L'Enfant et les Châtaignes*, abonde en détails familièrement gracieux commme un tableau flamand. La bise souffle en tempête ; violente et froide, elle tonne sans éclairs. Plus de commères dans la rue, plantant bourdons pour jacasser. A peine entend-on le cri du ramoneur et le patin de la cuisinière sur le pavé sonore ; chacun, gardant le coin du feu, laisse les amoureux courir seuls. Les écoliers même s'acoquinent sous le manteau des cheminées. Dodo n'est pas des derniers, il a mal aux dents, le pauvret, pour s'attacher tantôt aux jupons de sa mère et tantôt s'accroupir devant l'âtre en poule prête à pondre. Afin d'occuper sa paresse cependant, il regarde, couvercles enlevés, ce qui bout dans les pôts, il joue avec le feu et les cendres, flambe, feuille par feuille, ses cahiers de classe, puis, sa gourmandise s'éveillant, il cherche dans l'almanach les époques de bonnes fêtes, des fêtes de l'estomac s'entend, et, entre toutes, celle où l'on mange dinde, tartes et fouaces au beurre, la nativité de Jésus. Pages tournant, il voit tout à coup luire ces mots : *La Saint-Martin*. Nous sommes à la veille, heureuse découverte ! L'idée vient tout de suite au pieux Dodo de rendre honneur à l'évêque de Tours.

Pour célébrer sa fête selon les rites, il dérobe à sa mère une poignée de châtaignes qu'il place, resté seul au logis, sous la cendre du foyer, mais sans y faire d'entailles, l'imprudent ! A l'aide d'un bâton il les tourne et les retourne de son mieux dans leur lit de cendres chaudes. De plaisir la salive lui vient à la bouche, il les dévore des yeux, et, à genoux, leur dit : « Jolies châtaignettes, ma mère va revenir, vite, grillez et dorez, que je vous croque comme pain béni. » Et, de peur d'être surpris et châtié, il tracasse tant les marrons qu'à la fin de colère ils éclatent, boum ! Le gourmand, frappé en pleine face, veut fuir, mais, dans son effroi, il tombe sur l'autre, celle de derrière. Alors arrive, avec son père, la morale de la fable. « Les enfants sont semblables aux châtaignes, dit celui-ci à Dodo malavisé, si, à l'école, ils ne reçoivent pas l'entaille des bons principes, dans le feu des passions ils se brisent plus tard en blessant les voisins de leurs éclats. »

Il y a tout un drame dans la fable du *Ver-à-soie et de l'Escargot,* qui fut le grand succès des fêtes littéraires de St-Remy, — tout un drame d'un intérêt attachant. A peine né, un ver-à-soie a été jeté parmi le fumier. S'il souffrit, vous l'imaginez. Pas de feuille et la faim. Puis les poules arrivent, et du bec du coq il passe à celui de sa favorite. Quelles transes ! heureusement que survient un gros chien, qui saute sur les poules et sauve le vermisseau. Ses épreuves pourtant ne sont pas finies. A peine hélas ! un peu remis de la peur, son appétit s'ouvre de plus belle. De toute part alors de l'œil il quête un peu de verdure. Il a bien découvert un mûrier, mais qu'il est loin et quelle route ! Il se ramasse, il s'allonge, reculant d'une ligne, avançant de deux. Enfin clopin-clopant, de travers, comme il peut, le voilà au pied de l'arbre. Plus de forces, et l'arbre est si haut ! Envoyé du ciel, passe d'aventure un escargot glissant sur son sentier argenté, et, d'ici de là, jouant des cornes. C'est un secours inespéré. Aussi comme notre ver-à-soie sait mêler adroitement la flatterie délicate à la promesse séduisante. « Si tu me fais courte-échelle, va, bien sûr, je te » le rendrai. Je ne suis point pour rester en tout temps » vermisseau, un jour je serai vêtu de la plus blanche » hermine. Comme toi, tu me verras aussi citoyen à » coquille. Je me prélasserai dans un château reluisant » comme l'or, tout tenturé de soie. Tu peux en ces » jours venir me visiter si tu es court de blettes. » Mais, avec les destinées, la scène et les rôles vont changer. Tandis que, grâce à l'aide de l'escargot qui l'a porté sur son dos jusqu'à la feuille de mûrier, le ver-à-soie est devenu tour-à-tour chrysalide en palais d'or, papillon aux ailes de nacre, la sécheresse a réduit l'escargot à la famine. Plus de verdure nulle part ; nulle espérance qu'en son bienfait. Il s'achemine donc vers le logis du ver-à-soie, la tête basse, l'estomac creux, affaibli par un long jeune, et, de sa voix la plus douce, il s'adresse à son obligé. « Petit vermisseau, te » souvient-il de l'escargot de bien qui jadis te sauva » les jours. Ce n'est pas chose qu'on oublie. Les pariétaires sont brûlées là-bas, plus un brin d'herbe à » ronger. Ne pourrais-tu me rendre service à ton » tour ? » Pauvre escargot, qu'il connaît peu son monde ! « Je suis papillon, » répond le ver-à-soie, un » gros personnage. Il n'est point de ver dans la maison » et ton insolence me semble étrange autant que ta » demande. Tiens, tiens, voilà un coup de mon aile, » voilà de la poudre d'argent » Le pauvre escargot n'a pas le temps de rentrer dans sa coquille qu'il dégringole du mûrier. On sent qu'elle sera la morale ; d'elle-même ne sort-elle pas du sujet ?

— *Combien de gens qui ne furent que vermisseaux en un temps et qui tournent le dos ainsi à leurs amis d'autrefois, dès qu'un peu d'aile leur pousse et qu'ils sont argentés.*

En fait de contes, autant qu'en fait de fables, tout serait presque à citer. Mais il faut savoir se borner, je le ferai. — Un dimanche, à midi, une marchande d'oranges se désolait. Le dernier coup de la messe a sonné et sa petite n'est pas là pour garder ses *mayorques.* Une dame survient à qui la marchande dit sa peine. Aussitôt conté, aussitôt la dame d'offrir ses services. La femme du peuple ne peut croire à tant de dévouement ; elle s'imagine qu'on la raille. La dame insiste cependant, et la marchande part pour l'église. A peine est-elle assise, que les acheteurs accourent vers la dame, si bien qu'en un instant les corbeilles sont vides. Sur ce la petite fille se présente qui, stupéfaite, reçoit dans son tablier pièces d'argent et monnaie de cuivre. La messe finit pourtant. *Quel malheur ! ô mon Dieu ! plus d'oranges dans mes corbeilles !* c'est le premier cri de la marchande qui, ne voyant plus la dame, pense être victime d'une aventurière. Son second est tout d'indignation, et déjà sa main est levée sur son enfant. Celle-ci tombe à ses pieds, et, pour unique réponse, ouvre son tablier gros d'argent.

« Sainte Vierge!... « s'écrie la marchande, « ma » belle!... il est encore de braves gens!... C'est un ange » favorable qui est descendu du ciel pour débiter mes » oranges! par quel sentier est-il parti? que je baise » avec respect l'empreinte de ses pieds. — Là haut il » s'est envolé, comme un oiseau dans l'air!... sur le » chemin du ciel on ne laisse point trace de pied! »

— *En parlant ainsi, la marchande fait tinter une petite pièce d'argent tout auprès d'elle, dans le tronc des pauvres prisonniers.*

— *Les vertus, cela se sait, aiment à se trouver en famille. Quand elles voient, ici-bas, un petit coin de terre pur comme elles, une y pose le pied, bientôt toutes y courent, et puis, formant cercle, se tenant par la main, elles élèvent jusqu'à Dieu leur chœur de saintes filles.*

Le conte des *Cloches* est une pièce d'observation humoristique, dont l'idée est tirée de Rabelais. — Un cordonnier célibataire, un peu pesant d'esprit, s'enfèta, las de faire son lit et d'écumer son pot, de certaine Goton. Elle avait fin minois, taille mignonne et parler séducteur. Huit jours d'innocente amourette, et déjà l'honnête garçon rêvait de lune de miel. Un doute cependant agitait son esprit. Pour le résoudre, il s'en va trouver le Prieur du lieu, homme de prudent conseil.

« C'est un cas réservé. » lui dit le fin matois qui le voit venir. « Les cloches, mon garçon, si tu sais entendre leur langage, t'en diront là-dessus plus long que moi. » Le lendemain, dès que Gaspard sonne la grand'messe, le fils de St Crépin a l'oreille au vent. *Ma-ri-e-toi, ma-ri-e-toi,* lui crient-elles toutes en chœur de leur petite et de leur grosse voix. Son doute éclairci par son désir, notre naïf cordonnier franchit le pas ; tout s'offrait rose la veille, tout devient noir le lendemain. Plus habile à la dépense qu'au travail et de la langue plus active que des bras, ce qu'amasse son mari, Goton le dissipe. Pauvre Jean que ne restais-tu garçon, crie sa raison au malheureux cordonnier. — Il veut savoir pourtant ce qu'en dira M. le Prieur. « Les cloches m'ont bien mal conseillé. »—« Mon ami, pour sûr tu auras mal écouté, va plutôt y entendre de nouveau » ; répond avec malice le prudent donneur d'avis. — C'est ce que fait l'innocent. Il ne les a pas plus tôt ouïes, qu'il s'exclame : c'est juste, et que j'ai mérité ce qui m'arrive ! les cloches disent véritablement : *Ne te ma-ri-e-pas, ne te ma-ri-e pas.* Si une fois le cœur carillonne les gais refrains de l'hyménée, toute cloche devient tambourin; puis, si le cœur gémit, piqué des ronces du chagrin, toute choche pleure alors, car toujours le dehors est l'écho du dedans, *le non-moi, le reflet du moi,* dirait la philosophie allemande tout enflée de son *subjectivisme,* un instrument dont jouèrent avec plus d'esprit Rabelais et Voltaire, qui ignoraient le mot, mais pas la chose, et faisaient déjà flèche d'acier de ce dont MM. les Germains ont fait férule de bois.

Voilà déjà deux contes, et je n'ai pas dit un mot de *Brigitte et Colas,* un petit chef-d'œuvre de grâce. De quoi s'agit-il ? De deux enfants de la campagne, égaux en beauté, et qui s'aiment de cette passion que Dieu a mise éternelle au cœur de la jeunesse comme une flamme de sa puissance créatrice. L'amour, qui leur donnera une famille, unit déjà leurs cœurs. L'hymen va couronner leur destinée. Ils en éprouvent toutes les suaves ivresses, poëtiquement mariées qu'elles sont par l'auteur aux ivresses d'une nature printanière resplendissante de rayons et de fleurs, embaumée de parfums, toute pleine de vagues chansons murmurées au vent par les ruisseaux et répétées par le vent aux arbres dont il agite les branches. Tandis qu'ils se bercent et se grisent, les pauvres innocents, de leur bonheur futur à qui s'associe la nature en sa splendeur de renouveau, un misérable hasard de borne dérangée, — grosse affaire entre cultivateurs, — brouille leurs parents, et adieu la nôce ! Mais ceux que l'intérêt a divisés, une bonne œuvre les réunira. Les pères ennemis ont sauvé en commun un chrétien attaqué de nuit par des voleurs. Il n'en faut pas davantage. Ils se reconnaissent, s'embrassent. Eux réconciliés , leurs enfants seront unis. Tel est l'indigent canevas, tout autrement riche est le récit. A sa lecture, si délicieusement le charme opère qu'on se figure ouïr l'histoire d'un Roméo et d'une Juliette de campagne. La division des familles a surement une cause moins sérieuse et qu'un rien fera cesser, moins d'ombre contraste pour tout dire avec la lumière du tableau, mais l'amour est semblable et le couple amoureux n'a pas moins de radieuse jeunesse, de beauté morale et de ravissement intérieur.

Il faut une fin à tout, même au plaisir d'analyser et de louer ce qui mérite examen minutieux et admiration communicative. Je ne puis pourtant consentir à me taire avant d'avoir signalé encore, après beaucoup d'oublis nécessaires, quelques œuvres dignes de remarque. Dans la GERBETTE V, je dois noter, pour l'acquit de ma conscience, un Epithalame composé pour le mariage de Mlle Louise Cauchard. Il est, ainsi que l'observe M. Deloye, d'un tour fort original, et d'un sentiment singulièrement délicat et raré, ajouterai-je, en ces sortes de chants qui ne brillent point généralement par un cachet de distinction particulière. Les *Noëls*, dont plusieurs appartiennent à Augustin Boudin, pour la musique comme pour les paroles, sont ce qu'on pouvait les attendre d'un disciple doué qui a été à noble école. La rondeur toute militaire du *Bon soldat*, la langue tout évangélique du *Bon pâtre* et du *Pauvre*, le double magnificat de la *Procession de l'Immaculée* et du *Noël de la Sainte Vierge*, n'auraient pas été désavoués par Saboly, le maître du poëte et le roi du genre.

Enfin, dans la GERBETTE VII, la dernière où sont rejetées, péle-mêle sous le titre de *Pièces diverses*, des poésies qui n'ont pu trouver place ailleurs, je glane deux véritables épis d'or. Dans la *Prière d'une mère*, cette strophe d'un patriotisme aussi français que chrétien et que l'on dirait éclose sous le souffle de Pierre Corneille, tant elle tressaille d'héroïsme :

Se siéu estado grando e forto,
Quand a parti, se noun siéu morto ;
Es que moun drole, lou sabiéu,
Anavo óufri sa flour de vido,
Per nosto Franço ensaunousido,
Per la Patrìo e pèr soun Diéu !

Si j'ai été grande et forte, quand il est parti, si je ne suis point morte; c'est que mon garçon, je le savais, allait offrir sa fleur de vie pour notre France ensanglantée, pour la Patrie et pour son Dieu !

Le second épi d'or que je cueille, pour l'offrir en guise de bouquet d'adieu au lecteur des Gerbettes, c'est la traduction du *Chant du soleil* de saint François d'Assise. L'œuvre est curieuse, moins pour la forme qui laisse à désirer tant dans le provençal que dans l'italien, qu'à raison de l'inspiration qui le dicta à son auteur dans la dix-huitième année de sa pénitence, à la clarté de la vision de sa mort prochaine, et du mouvement d'esprit qui, par une étrange coïncidence, induisit Augustin Boudin à le traduire à la veille de son départ d'au milieu de nous. En contemplant le soleil, la lune, les étoiles, les nuages, l'eau, le feu, la terre avec sa verdure, ses fleurs et ses fruits, St François s'éleva à la pensée de leur Créateur, et, paraphrasant le cantique : *Benedicite omnia opera Domini, Domino*; il invita toutes les œuvres de Dieu à bénir le Seigneur. La beauté et la perfection des créatures lui découvraient les perfections invisibles du Créateur, sa puissance éternelle et sa divinité : *Invisibilia enim ipsium, per ea quæ facta sunt, intellecta, conspiciuntur, sempiterna quoque ejus virtus et divinitas* (Epit. aux Rom. 1-20).

V

Telle est, dans son ensemble, cette œuvre des *Sept Gerbettes* qui classe Augustin Boudin parmi les meilleurs poëtes provençaux. Si l'on considère la date de ses productions, une bonne moitié, — *les Epîtres,* deux poëmes, *le Souper de Saboly* et *la Crèche de la sainte Enfance,* presque tous ses *contes et fables,* un certain nombre de ses *poésies diverses,* — est antérieure à la constitution officielle du Félibrige (1854). Sous ce rapport, maître de la vieille Ecole libre qui compte encore parmi nous des poëtes de vrai cru, tels que Cassan, l'auteur fantasque et plaisant des *Parpèlo d'Agasso,* littéralement *Paupières de Pie,* par interprétation *amusettes d'enfant;* et Autheman de l'Isle, le trouveur si gentiment bouffon des *Aventures de Roustan,* si étonnamment spirituel *du Coup de riflard,* Augustin

Boudin est, pour le Félibrige, un précurseur. Ses œuvres postérieures, venues en plein courant rénovateur, participèrent au mouvement de réforme dans une certaine mesure, sans doute, mais point avec l'entraînement qu'on y eût voulu. Le poëte, tout acquis qu'il soit à une régénération qui se trace la loi qu'il s'est toujours imposée de lui même, d'être l'interpréte pieux des vieilles mœurs et du culte des ancêtres, de bannir de ses vers tout ce qui n'est ni chaste d'expression ni pur de pensée, tout mot bas ou équivoque, n'en est pas moins resté fidèle à la langue courante, à l'orthographe usuelle. Mérimée l'en a loué : « Vos vers ont le mérite rare d'être écrits dans la langue parlée sans qu'on sente d'effort pour exprimer des idées élevées. » M. de Laincel un écrivain provençal, l'en a complimenté aussi, sinon dans les mêmes termes au moins dans le même sens. Mais ce dont le célèbre académicien et le critique distingué le félicitent, le Félibrige lui fait reproche, tout en désirant acquérir à l'Ecole nouvelle un talent qui manque à sa gloire. Notre poëte n'a qu'une parole à dire pour que les rangs s'ouvrent devant lui, et cette parole on la souhaite, on l'appelle.

Le jour où Augustin Boudin, qui l'a longtemps retenue sur ses lèvres, consent à la prononcer, M. Mistral, dans une lettre pleine d'effusion à la date du 26 juin 1860, lui écrit : « Vous me voyez tout heureux « de vous savoir rallié tout de bon à la nouvelle Ecole « provençale, et, je dois vous le dire, après l'heureuse « entrevue de l'autre jour, ce fut pour nous, *pour nous*

« *tous*, — il fallait dissiper certain ombrage à tort ou à « raison conçu de dissentiment particulier,— une vraie « fête de voir se rattacher à l'arbre *felibren* le rameau d'or « de vos inspirations. Je ne saurais trop vous en féliciter, « et vous répéter ceci : notre ambition, notre ambition « suprême, ardente et unique, est de créer une littéra- « ture complète, fondée sur l'unité d'orthographe et « sur la pureté de langue, et hardiment composée de « tous les genres littéraires. Et voyez quel bonheur et « quelle variété ! *A vous les scènes dramatiques si* « *gracieusement empreintes de la joyeuse vie avigno-* « *naise;* à Aubanel, les grands élans de la passion, « amour et colère ; à Roumanille, la peinture animée, « diverse, souverainement élégante des caractères « provençaux ; à Roumieux, la verve comique, l'esprit « et le pétillement ; à Martin, le lyrisme et le fouet de « Juvénal ; à Mathieu, les gais refrains d'amour, la vie « légère, les chants troubadouresques ; à Cassan, les « martégalades ; à Tavan, les fraîcheurs du mois de « mai, les strophes virginales de la glèbe et du buisson ; « à Lambert, les noëls ; à Aubert, les contes drolatiques, « etc, à chacun sa partie, son chant distinct, son origi- « nalité. Vous nous manquiez, vous arrivez ; nous « pouvons tuer le veau gras, quoique vous ne soyez « prodigue que de choses aimées de tous. Courage « donc, mon cher confrère, faites-nous une belle gerbe « de tous vos épis, arrachez impitoyablement l'ivraie « orthographique et franchimande, etc. »

La tâche déjà si belle, dévolue à Augustin Boudin

d'après son *Capoulié* dans l'œuvre générale du Félibrige, ne lui avait point suffi. A des poëmes, tous s'inspirant des traditions et des mœurs locales, tous formant comme autant de récits populaires dramatisés, mais tantôt empreints d'une poësie gracieuse, émue, touchante, tantôt teintés de douce ironie, de fine humeur ou colorés de vive gaîté, il avait ajouté des fables et des contes, également moralisés dans un cadre différent, qui lui assignent une place à part. Sur la lecture du *Ver à soie et de l'Escargot*, le grand succès des fêtes de Saint-Remy, au rapport de la Presse de Paris et de la Presse de Province éminemment représentés par *le Temps* et *le Messager du Midi* (1), il fut unanimement salué par ses émules et ses pairs du titre de *fabuliste provençal*. Ce titre lui restera, uni à celui de *Jasmin avignonais* que l'auteur des *Récits des temps mérovingiens* l'invitait jadis à conquérir et qu'il a gagné depuis, de l'opinion de M. Mistral qu'il me faut bien citer de nouveau : « Vous avez, vous aussi, trouvé « votre voie et votre originalité ; le récit naïf de petits « drames populaires, habilement enchâssés dans la « peinture de nos mœurs. »

Mais ce qui imprime à Augustin Boudin une physionomie caractéristique, ce qui lui donne un relief de distinction propre et de haute race, ce qui éclaire sa figure d'une auréole peu commune, ce qui nous le fait aimer autant qu'admirer, c'est qu'effectuant, en poësie,

(1) Voir la note *a* page 232 des *Gerbettes*.

ce que, suivant Cicéron, doit réaliser en éloquence le véritable orateur, l'homme de bien en lui marcha de pair et se confondit avec le poëte. Ses chants furent bien souvent des œuvres de charité, et ses actes des chants d'amour, qui glorifièrent de concert Dieu et l'humanité, restés inséparables dans son cœur et dans sa vie comme dans l'Evangile, ce divin livre qui, sur la ruine des vieilles idolatries composées de crainte et de haine, éleva, il y a bientôt dix neuf siècles, le culte nouveau de l'amour rendu à Dieu par les bienfaits répandus sur les hommes. La plupart des productions d'Augustin Boudin eurent pour pensée inspiratrice et pour résultat l'assistance du malheureux. L'institution des crèches et l'ouvroir de bienfaisance lui doivent trois poëmes dont le prix fut versé dans leurs caisses. Nombre d'autres poësies furent vendues soit au profit direct des pauvres, soit remises à leur adresse indirecte entre les mains des sociétés de Saint-Vincent de Paul, de Saint-François-Xavier, ou des bureaux de secours mutuels. Nous nous bornons à constater en gros et en courant ici ce que notre ami et collaborateur M. Deloye a établi en détail et avec plus de précision dans ses notes.

Ce coin de voile levé sur ses actes, suffit à la louange du poëte, nous devons le déchirer tout entier pour payer l'acquit dû à l'homme de bien. — Par suite d'un changement dans les habitudes qui pousse aujourd'hui la jeunesse dans les cafés le plus en vue pendant que les hommes plus mûrs s'isolent dans des cercles intimes et fermés, l'établissement du jeu de paume, devenu la propriété de M. Boudin aîné depuis la mort de François Boudin père, avait vu décroître chaque jour sa vieille prospérité. Retiré en pleine tranquillité loin de la voie publique, les jeunes gens le quittaient pour les cafés nouveaux plus bruyants, plus animés de la place de l'Horloge ; ouvert à tous pourtant, les gens plus âgés le délaissaient à leur tour pour leurs réunions closes. Autre cause de décadence, le jeu de paume avait cessé d'être ou n'était plus que peu pratiqué. Dans ces conditions, le vieil établissement était perdu, si l'on n'avisait. M. Boudin aîné, mis en demeure de le faire par ses intérêts en péril, le transforma complètement. De la vaste salle du jeu de paume, il fit une magnifique salle de café-concert, et appela à lui un nouvel élément, l'élément populaire. L'attrait du chant lui donna des consommateurs dont la quantité remplaça la qualité. Mais cela ne dura qu'un temps, le temps d'une mode, et la transformation avait coûté de l'argent, beaucoup d'argent. Ajoutez aux frais d'appropriation de la maison à sa destination dernière, les frais d'artistes, d'un personnel de service de beaucoup augmenté, de contrôle et de comptabilité, et vous aurez un aperçu de la dépense. Il avait fallu emprunter, et quand, la mode changeant, la débacle vint, il fallut rembourser.

M. Boudin aîné, se trouvant dans l'impossibilité de le faire, fut déclaré en état de faillite. Ce fut pour lui un coup cruel, pour sa famille, qui se sentit atteinte dans l'honneur d'un des siens, une consternation véritable.

Dans cette rude occurrence, Augustin Boudin le plus jeune de la maison, mais le plus capable de réagir contre l'événement fatal, de concert avec sa sainte sœur, Mme veuve Cauchard, décida qu'il fallait à tout prix arriver par l'entier paiement des dettes de leur frère aîné à sa réhabilitation, dût la fortune de tous y sombrer. Louis Boudin, le cadet, qui, en vrai libéral de 1830, tenait pour la doctrine de la responsabilité personnelle et pour la maxime du *chacun pour soi*, qui d'ailleurs aimait bourgeoisement l'opposition pour l'opposition, résista quelque temps, pour l'honneur des principes, aux sollicitations des siens ; mais le cœur, qui valait en lui mieux que la tête, eut le dessus enfin. Voilà donc Augustin Boudin, le poète, devenu liquidateur de faillite et, à ses risques et périls, chose plus grave. Un événement inattendu, la création de la rue Pétrarque qui prit la plus forte partie des terrains du jeu de paume, vint heureusement lui faciliter la tâche et les dégager, lui et les siens, d'une responsabilité qui pouvait être écrasante. Mais le mérite de l'œuvre et du dévoûment de tous à l'honneur d'un seul n'en subsiste pas moins entier par le sacrifice prévu et sans réserve accepté. Noble félibre et vieil ami, quelle que soit la valeur de vos poésies et la part de collaboration qu'ici d'autres puissent justement réclamer, permettez-moi de saluer dans cette liquidation des dettes d'un frère préparant sa réhabilitation, votre plus touchant poëme, votre plus beau titre de gloire !

On a dit que la fin du juste est le soir d'un beau jour, le

testament d'Augustin Boudin fut le digne couronnement d'une vie chrétienne. Après un partage de sa fortune entre ses parents où son frère aîné figure naturellement en première ligne, viennent les legs de charité, de piété, de devoir, les souvenirs laissés à l'art et à l'amitié pour un chiffre de plus de vingt mille francs, chiffre énorme en une succession dont l'actif net ne dépassait pas de beaucoup cent mille franc. Je me borne, à transcrire des dispositions qui parlent assez haut d'elles mêmes.

A l'Orphelinat des garçons de l'Archevèché d'Avignon. . . . . 2000 fr.
A l'œuvre des Crèches. . . . . 500 fr.
A la société de secours mutuels de Saint-François-Xavier. . . . . 50 fr.
A la société des ouvriers réunis. . . 500 fr.
Au bureau de bienfaisance d'Avignon pour l'intérêt, servir à fournir du lait d'ânesse aux pauvres malades. . . . 1000 fr.
A l'ouvroir des jeunes filles pour l'intérêt être employé aux livres à distribuer aux élèves les plus méritantes. . . . . 1000 fr.
A l'œuvre de Saint-François-Régis pour les mariages d'indigents. . . . . . 300 fr.
A l'ouvroir des sœurs de la Corde. . . 300 fr.
A cinquante pauvres qui assisteront aux funérailles du donateur. . . . . . 50 fr.
A la confrérie de Saint-Agricol. . . . 300 fr.

A la paroisse de St-Agricol pour fondation d'une messe perpétuelle. . . . . . 400 fr.

A monsieur le curé de cette paroisse pour 200 messe basses. . . . . 300 fr.

A la fabrique de l'Eglise de Monteux pour l'embellissement de la chapelle de Saint Gens. . . . . 600 fr.

Aux créanciers de mon frère aîné qui ont déja reçu 79 3/4 pour cent de leurs créances le reliquat, soit 20 1/4 pour cent. 13000 fr.

Au Museum-Calvet ma collection de statuettes et objets d'art de Bernus et mes tableaux.

A mes amis *** le restant de mes objets d'art et ma bibliothèque.

Dois-je peindre, au physique, l'homme, après les productions de sa pensée et les actes de sa vie qui le dépeignent si bien au moral ? Augustin Boudin, grand de stature, voûté de dos, avec une certaine raideur dans les mouvements et l'attitude, avait le front haut mais un peu fuyant et déprimé aux tempes ; il unissait, à des traits accentués, à un œil profond et fixe, au teint bistré particulier aux tempéraments bilieux, une réelle douceur de physionomie, très accusée au cours de la jeunesse, moins sensible au sérieux de l'âge mûr et qui reparait dès que la vieillesse arrive ; témoins ses trois portraits, tous ressemblants à leur heure. Ses lèvres un peu fortes, — suivant l'occasion, — souriaient de bienveillance ou s'égayaient de douce moquerie. La poésie tient de la conformation et des traits du poete ;

la conception y a plus de grandeur que l'exécution de souplesse et de fini, on y sent de la profondeur et peu de mobilité, elle a de l'accent toujours, de la suavité, de la grâce, du rayon même par échappées dans son austérité générale. Le caractère physionomique de la bouche, plus humaine que maligne, plus sourieuse que rieuse, s'y retrouve aussi dans l'innocuité et l'éclat habituellement contenu du rire.

Quant à la bonté d'Augustin Boudin, amoureuse qu'elle fut du mystère et du demi-jour, pour en juger il faut avoir assisté comme nous à ces repas de famille et d'amis où son cœur se dilatait d'aise. Auprès de lui et des siens venaient d'habitude se grouper, autour de la table hospitalière, l'abbé Nicolas, l'éloquent archiprêtre de Notre-Dame de Beaucaire, son neveu l'avocat Gazay, aujourd'hui juge-consul à Alexandrie, M. Deloye, notre savant conservateur, M. Chantron, un cœur d'artiste battant sous le froid costume d'inspecteur de l'enregistrement, Charles David, qui cultivait une muse de plus que son frère Félicien, celle de la peinture, sans compter ses excursions sur le terrain des prophètes, dans le laboratoire des chercheurs de pierre philosophale et de mouvement perpétuel, Joseph Lacroix, dont les magnifiques peintures murales à la collégiale de l'Isle-de-Venise rivalisent pour l'élévation et l'intensité du style religieux avec celles de Flandrin à St-Germain-des-Près, Cassan un poète qui, dans ses vers et son débit, possède la *vis comica* par excellence, le don de faire rire à force de bonhomie et de naturel, enfin votre serviteur très-humble.

La première faim apaisée après les premiers services, le rôti apparaissant escorté de l'ancien vin des Papes, le Château-Neuf-Calcernier, les langues jusqu'alors paresseuses, se déliaient, et, au feu de la chaude liqueur de nos côtes embrasées, s'allumaient les discussions. Un des premiers, Louis B***, esprit aigu autant qu'homme marqué au B, se prenaît inévitablement de dispute avec son aîné, plus abondant en paroles, mais moins pourvu de flèches. Madame veuve Cauchard, insinuante et fine, *une charmeresse*, calmait ses frères, la première poudre brûlée, d'un mot dit en riant. Alors se levait David, une figure rose et radieuse de chérubin, encadrée dans une barbe et des cheveux d'argent crépelé. Il chantait, au signal du dessert, sa mirifique chanson *Leis amours de la goye et dou gibous*, — les amours de la boiteuse et du bossu — paroles et musique du chanteur. Quel triomphe pour David que cette chanson de vieux rapin si, à peine achevée, elle n'avait été suivie d'une volée de bois vert vivement administrée par Louis B***, justicier implacable en cause personnelle, à l'artiste bégayant. Nul recours alors que Cassan. Il disait, chantait et mimait, et la paix se scellait au milieu des rires. Quant à nous, simples spectateurs, nous jubilions en silence, et Augustin, heureux de notre joie muettement savourée, portait notre santé en même temps que nous buvions à la sienne. Le café venant, c'était l'heure des épanchements intimes, des vers inédits et des applaudissements avant la lettre.

Un dernier coup de crayon pour n'omettre aucun trait. A l'exemple de bien des citoyens très patriotes, mais trop honnêtes pour pratiquer la politique avec l'âpre passion d'une industrie privée et trop intelligents pour la gober toute faite des mains d'un parti comme un marché de dupe, Augustin Boudin n'aimait point à s'y mêler. Il acceptait l'état de choses régnant et s'y soumettait, pourvu qu'il respectât les principes premiers de l'ordre social, la liberté individuelle, la liberté des familles, la liberté des cultes, dans leur garanties essentielles, à savoir : la propriété, l'autorité des chefs de maison, l'inviolabilité du for intérieur. Ces points mis en réserve et tenus pour sacrés, les opinions les plus hardies professées par d'honnêtes gens ne lui faisaient point peur. Il le prouva en 1848. L'auteur du livre du *Compagnonage,* le menuisier Agricol Perdiguier surnommé *la Vertu,* né à Morières d'Avignon, se présentait aux suffrages de ses concitoyens Vauclusiens pour la députation. D'accord avec son très distingué concitoyen et mon ancien condisciple de collége, M. le docteur Emile Chauffard, qui exerçait alors la médecine à Avignon sous le patronage de son vénéré père et qui depuis est décédé à Paris membre de l'académie de médecine, professeur de pathologie générale et inspecteur des facultés de son ordre, Augustin Boudin soutint de sa parole et de son crédit, dans les réunions publiques, la candidature ouvrière de l'enfant du pays, qui, élu, opta, lui pour Paris, moins épris de l'amour du clocher apparemment que ses parrains et ses électeurs. Cet acte de devoir public accompli, notre poëte ne recommença plus, mais la patrie n'y perdit rien, et l'art, les malheureux, la concorde y gagnèrent; car, l'on pourrait inscrire sur la tombe d'Augustin Boudin, sans qu'une voix s'élevât pour y contredire : *Pacem, musamque colens, transiit, et benefaciens.*

PATRICE ROLLET

Avignon. — Imprimerie Aubanel frères. — 1879.

www.ingramcontent.com/pod-product-compliance
Ingram Content Group UK Ltd.
Pitfield, Milton Keynes, MK11 3LW, UK
UKHW021818190726
13853UKWH00003B/1045